RELATION

DU VOYAGE DE MESDAMES,

TANTES DU ROI,

DE CASERTE A TRIESTE,

ET DE LA MORT DE MADAME VICTOIRE.

RELATION

DU VOYAGE DE MESDAMES,

TANTES DU ROI,

DEPUIS LEUR DÉPART DE CASERTE, LE 23 DÉCEMBRE 1798, JUSQU'A LEUR ARRIVÉE A TRIESTE, LE 20 MAI 1799,

ET DE LA MORT DE MADAME VICTOIRE, LE 7 JUIN SUIVANT;

ÉCRITE PAR LE COMTE DE CHASTELLUX, CHEVALIER D'HONNEUR DE MADAME VICTOIRE (EN 1799),

ET PUBLIÉE PAR SON FILS.

A PARIS,

L. G. MICHAUD, IMPRIMEUR-LIBRAIRE, RUE DES BONS-ENFANTS, N°. 34.

DÉCEMBRE 1816.

AVANT-PROPOS

DE L'ÉDITEUR.

C'est avec un sentiment religieux que nous recherchons aujourd'hui tous les détails des malheurs qui, durant de longues années, ont accablé l'auguste famille dont nous bénissons le retour. Ces grandes infortunes ont développé de si grandes vertus, que ces douloureux récits deviennent une source intarissable d'instruction et d'attendrissement. Tant de courage et tant de bonté, tant de résignation et tant d'indulgence, pénètrent l'ame d'une admiration qui la soulage au milieu des impressions les plus pénibles.

Tel est l'effet que produiront sans doute

les pages qu'on va lire; elles contien-
nent le récit simple et circonstancié des
maux contre lesquels Mesdames, tantes de
Louis XVI et de Louis XVIII, ont eu à
lutter dans leur exil. On y verra l'une de
ces vertueuses princesses, expirant dans
une terre étrangère, loin d'une patrie
qu'elles chérissaient encore, mais qui n'é-
tait plus digne d'elles; l'autre ne devait
pas long-temps lui survivre. Dans l'asile
écarté où il leur fut permis de mourir,
leur tombe ignorée semblait attendre le
jour de l'expiation : il est enfin arrivé. A la
voix d'un Monarque religieux et sensible,
ces cendres royales vont nous être rendues.
M. l'abbé de la Tour, évêque de Moulins,
dont le nom sera souvent placé ici à côté
de celui des objets de son inaltérable attachement, est chargé de cette pieuse mission (*a*). Le même jour verra trois races de
rois rentrer en possession des tombeaux
dont l'impiété sacrilége les avait arra-
chées, et les nobles filles de Louis XV re-
couvrer aussi ce funèbre héritage. A l'aspect

de tant de vénérables monuments, puisse la France, profitant des grandes leçons qu'ils lui donnent, égaler à ses regrets pour ce qui n'est plus, sa fidélité pour ce qu'elle a retrouvé!

Nous devons le dire, ce n'est pas uniquement le besoin de rendre un hommage de plus à la mémoire de MESDAMES, qui nous a déterminé à publier ce journal ; il a été écrit avec simplicité, et dans la seule vue de rendre compte au Roi de toutes les circonstances d'un si cruel voyage, par un des serviteurs les plus fidèles de ces augustes Princesses, par le compagnon de leur adversité, que Mme. VICTOIRE daignait appeler son ami, qui put se flatter d'avoir adouci ses peines, et qui fut le dépositaire de ses dernières pensées, de ses derniers soupirs. Cette amitié, ce dévouement sans bornes, cette association à de si nobles douleurs, sont des titres précieux dont il doit être permis à sa famille de s'honorer. Nous oserons même parler de nos afflictions par-

ticulières, et dire comment elles se mêlè-
rent au bonheur de notre heureuse restau-
ration, si bien senti par des cœurs formés
à une telle école. Quelques jours s'étaient à
peine écoulés depuis la délivrance de
Paris, lorsque nous perdîmes ce père ver-
tueux, qui eût été payé de vingt-cinq années de sacrifices par la joie de revoir son
Roi. Soutenu par sa profonde piété dans
cette dernière épreuve, il bénit le ciel des
événements dont il ne devait pas jouir, et
mourut pénétré des mêmes sentiments qui
avaient dirigé sa vie. Deux ans après, un
second malheur vient de nous enlever encore une mère tendre et chérie ; elle n'aura pas même la consolation de rendre les
derniers devoirs à celle dont le nom était
sans cesse sur ses lèvres, comme son souvenir était toujours dans son cœur. Ce souvenir se confond à jamais avec les regrets
qu'elle laisse à sa famille désolée.

Nous allons joindre à cette relation quelques détails sur les années qui précédèrent

(9)

l'époque où elle commence. Celui qui la publie a toujours accompagné Mesdames, et a été témoin de tous les faits dont on va parler.

Mesdames s'étaient décidées à quitter la France dès l'instant où il ne leur était plus permis d'y pratiquer la religion dans sa pureté. Elles prirent la résolution d'aller passer à Rome un temps malheureux, dont elles étaient loin de prévoir la prolongation et les horreurs.

Sans s'effrayer des menaces de la malveillance, Mesdames entreprirent ce voyage au mois de février 1791 (*b*). Dans la nuit qui devait précéder leur départ, plusieurs avis leur annoncèrent la marche sur Bellevue, qu'elles habitaient alors, de nombreux rassemblements de populace qui venaient de Paris les arrêter; forcées de monter précipitamment dans leur voiture à deux heures du matin, elles ne purent sauver à celles de leur suite le désagrément d'être atteintes par le peuple, qui bientôt remplit les cours de leur château. Échappées à ce danger, elles coururent un instant celui d'être arrêtées à Moret, petite ville près de Fontainebleau. M. de Carbonnel, officier de chasseurs à cheval qui les avait escortées dans la forêt, en imposa à la populace par la fermeté de sa contenance, et fit rouvrir les portes qu'on avait déjà fermées.

L'arrestation de MESDAMES à Arnay-le-Duc fut plus sérieuse; elle dura onze jours, que ces princesses passèrent dans la maison du curé, où toute leur suite était entassée dans un espace très resserré (*c*). Des détachements de garde nationale venaient de toutes parts pour les insulter, bien plus que pour leur servir de garde. Le comte de Narbonne, chevalier d'honneur de Madame Adélaïde, fut obligé de retourner à Paris, afin d'obtenir de l'assemblée nationale de nouveaux passe-ports. La manière dont il s'acquitta de cette mission, est rapportée dans les mémoires du temps (*d*).

Sorties d'Arnay-le Duc, par de nouveaux ordres de l'assemblée, Mesdames ne rencontrèrent plus de véritables obstacles jusqu'au pont de Beau-Voisin, où elles comparèrent douloureusement l'insolence avec laquelle les derniers fonctionnaires français visitaient leurs passe-ports, et les respects, l'enthousiasme même avec lesquels, à quelques pas de là, elles furent reçues par les autorités étrangères.

Hélas! elles n'ont pas vécu jusqu'au jour qui a rendu les Français à leurs sentiments naturels, à cet amour pour leurs princes, qui fit jadis leur gloire et qui fera encore leur bonheur.

Le roi de Sardaigne avait tout disposé pour qu'elles trouvassent sur leur passage, ainsi qu'à sa cour, tous les honneurs dus à leur rang.

Mesdames passèrent quelques jours à Turin avec Mgr. le Comte d'Artois et les Princes ses fils; elles quittèrent à regret la cour de Sardaigne, et s'arrêtèrent encore à

Parme où elles furent vivement touchées de l'accueil qu'elles reçurent de Madame INFANTE, sœur de la Reine.

Elles arrivèrent vers la semaine sainte à Rome. Les honneurs qu'elles y reçurent furent ceux qu'on n'y rend ordinairement qu'aux têtes couronnées, et auxquels leur qualité de filles de France leur donnait droit.

La paix de ce séjour fut bientôt détruite par les angoisses dont le cœur de MESDAMES ne cessa d'être déchiré. Des crimes qu'elles croyaient impossibles, frappèrent successivement les objets de leur tendresse, et elles cherchèrent plusieurs fois en vain au pied des autels, cette résignation qui leur était si facile quand il ne s'agissait que de leurs propres maux.

Cet asile, où MESDAMES avaient pu du moins se livrer à leurs pieuses occupations, fut troublé en 1796 par la première apparition des agents français, et MESDAMES se retirèrent à Albano, à cinq lieues de Rome, pour éviter leur présence.

Le comte de Chastellux fit peu de temps après un voyage à Naples, pour y remplir une mission qui lui était confiée par le Roi. Il demanda pour MESDAMES, à Sa Majesté sicilienne, un refuge dans ses états, dont les dangers de Rome les forcèrent à profiter au commencement de l'année 1797. Buonaparte s'avançait alors sur Rome; il fut arrêté dans sa marche par le traité de Tolentino. MESDAMES trouvèrent dans l'ancien palais de Caserte, à côté de celui construit par le roi Charles III, une retraite commode où le roi et la reine de Naples leur prodiguèrent tout ce que les soins et l'attachement peuvent avoir de plus consolant.

Mais la destinée allait mettre le comble à leurs épreuves. Une nouvelle catastrophe les arracha à cette famille, au milieu de laquelle les douces affections, qui les environnaient jadis à Versailles, semblaient leur être rendues; le royaume de Naples fut menacé à la fin de 1798. C'est à cette époque que commence le récit qu'on va lire. On y verra les filles de Louis XV errantes au milieu d'un pays qu'envahissaient à la fois des armées ennemies et des principes révolutionnaires plus destructeurs que la guerre elle-même, livrées aux tempêtes sur de frêles bâtiments, et demandant à des terres étrangères un dernier asile pour y finir leurs longues misères ; mais on n'aura qu'une faible idée de cette constance inébranlable, de cette soumission vraiment chrétienne aux décrets rigoureux de la Providence, qui ne s'est jamais démentie un seul instant. Nous pouvons attester qu'à travers tant de souffrances, nous n'avons pas entendu MESDAMES proférer une seule fois la moindre plainte ; et cependant nous avons vu Madame VICTOIRE atteinte d'une maladie mortelle, privée des remèdes et du repos qui lui étaient si nécessaires, réduite à accepter pour nourriture des poissons salés et du pain albanais cuit sous la cendre, ou du biscuit de matelot.

Elle joignait aux vertus qui comman-
dent le respect, les qualités qui inspirent
l'attachement. Jamais peut-être dans le rang
élevé où elle était placée, on ne connut si
bien les jouissances qui naissent des affections du cœur. Sa bonté touchante, sa
douceur inaltérable étaient fondées sur une
piété solide et éclairée qui lui donnait la
force de se soumettre à tous les sacrifices.
Lorsque des circonstances difficiles ef-
frayaient son courage, on la voyait recou-
rir à la prière, et le calme qui se répandait
sur son visage, annonçait qu'elle avait reçu
d'en haut le secours dont elle avait besoin. Elle était indulgente pour les autres
autant que sévère pour elle-même ; compa-
tissante pour la douleur, elle l'était aussi
pour la faiblesse. Elle savait honorer le
malheur en le soulageant, et se montrait
ingénieuse à le découvrir au lieu d'attendre ses sollicitations. Plusieurs fois, lorsque ses bienfaits eurent épuisé les moyens
d'y subvenir, elle s'est privée de ses bijoux
pour secourir des familles qui souffraient

pour la cause sacrée de sa maison (*e*). Tous les pays qu'elle a parcourus dans ces jours de calamité, conservent une profonde vénération pour sa mémoire. Si les soins d'une famille dévouée et réunie autour d'elle, ont pu adoucir quelquefois ses douleurs, qu'il nous soit permis de mêler cette idée consolante aux souvenirs déchirants qui nous suivront jusqu'au tombeau.

RELATION

DU VOYAGE DE MESDAMES,

TANTES DU ROI,

DE CASERTE A TRIESTE,

Et de la Mort de Madame VICTOIRE.

———

Lorsque S. M. sicilienne, à la tête d'une armée de 35 à 40,000 hommes, entra dans l'État ecclésiastique, dont les peuples l'attendaient comme leur libérateur, on pouvait espérer qu'elle en chasserait aisément 12 à 15,000 soldats du directoire qui étaient dispersés dans ces provinces (1).

Cependant le comte de Chastellux avait été informé, dès le mois d'octobre, que l'on avait concerté, avec le chevalier Hamilton et lord Nelson, les moyens de transporter la famille royale en Sicile, si la guerre prenait une tournure désavantageuse. En conséquence, il s'était occupé de faire servir, à la sûreté de Mesdames, les mêmes précautions que l'on prenait pour celle des souverains du pays, et il avait tout lieu de compter sur les dispositions favorables qu'il avait trouvées dans le ministre et dans le contre-amiral anglais.

L'entrée du Roi de Naples dans Rome semblait avoir écarté tout sujet d'inquiétude ; on ne laissait cependant arriver les nouvelles qu'avec précaution ; et quoiqu'on fût informé que les troupes napolitaines avaient eu quelques désavantages, on était encore fort loin d'en craindre les funestes effets, lorsque dans la nuit du 12 au 13 décembre, S. M. arriva à Belvédère (2). Mesdames, étonnées d'un retour si précipité, envoyèrent d'abord savoir de ses nouvelles, et lui en demandèrent ensuite par écrit. Il leur répondit qu'il se portait bien, que tout allait bien, que la Reine viendrait le trouver l'après-midi, et qu'elle les instruirait des nouvelles. La Reine se rendit en effet chez le Roi ; mais elle ne fit point de visite à Mesdames, et LL. MM. partirent sur-le-champ pour Naples.

La Reine écrivit le lendemain à Mesdames une lettre dans laquelle elle peignait vivement les désordres de l'armée et les malheurs du Roi, qui le lui rendaient encore plus cher et plus respectable. Elle leur faisait part de son projet de se retirer en Sicile ; leur offrait *le coin de terre qui lui resterait, et voulait partager avec elles un pain de larmes.* Le samedi, 15, Mesdames allèrent dîner avec LL. MM. Le comte de Chastellux, dont une des filles avait la petite-vérole depuis trois jours, ne put voir ni la Reine, ni M. le capitaine-général Acton, auquel il avait demandé un rendez-vous; le chevalier Hamilton et lord Nelson n'étaient pas chez eux; il leur fit rappeler, par des amis communs, le souvenir de leurs conventions.

Déjà on s'occupait d'armer des vaisseaux napolitains, et, faute de matelots, on avait demandé les équipages des vaisseaux portugais qui faisaient partie de l'escadre anglaise. LL. MM. parurent très alarmées de leur position et de la trahison qui avait fait manquer leur entreprise (3). Elles décidèrent que Mesdames partiraient sur le vaisseau qui porterait la famille royale en Sicile; que ces Princesses ne mèneraient avec elles qu'une ou deux femmes-de-chambre (4), et elles leur promirent de les faire avertir lorsqu'il en serait temps. En conséquence de cette résolution, lord Nelson fit dire de son côté au comte de Chastellux qu'il pouvait être tranquille pour sa propre famille.

Le 17, le Roi vint prendre à Belvédère des papiers importants, et se montra plus rassuré sur les événements; cependant, dès le 18, on emballait publiquement les effets appartenants à LL. MM. et à M. le capitaine-général Acton. On sut, le 20, qu'on embarquait tous les ballots; que le peuple s'était porté sous les fenêtres du Roi pour le prier de ne pas partir, mais que déjà plusieurs personnes étaient à bord des vaisseaux portugais. Le comte de Chastellux reçut en même temps des avis très inquiétants sur le désordre des affaires et sur le trouble qu'y mettait le gouvernement par l'incertitude de ses résolutions.

Mesdames écrivirent le 21 à la Reine pour lui demander ce qu'elles devaient penser de ces préparatifs, et quel parti elles devaient prendre (5); la Reine leur répondit quatre lignes par le même courrier, annonçant que dans peu d'heures elle leur écrirait plus en détail. On publia, le même jour, que les républicains avaient été repoussés dans l'Abbruzze, et que les ordres pour le départ du Roi avaient été retirés.

Le samedi, 22, le comte de Chastellux fut informé à huit heures du matin, par un homme du palais, que LL. MM. s'étaient embarquées dans la nuit. Deux heures après arriva un courrier portant des lettres du Roi et de la Reine. LL. MM. mandaient à Mesdames qu'elles avaient été obligées de s'embarquer; qu'elles ne leur conseillaient pas de venir à Naples, où l'on était fort animé contre les Français (6), et que le courrier les conduirait, sans s'arrêter, à Manfredonia, où elles trouveraient une frégate pour les transporter à Trieste ou en Sicile, comme elles le jugeraient à propos; LL. MM. ajoutaient, que si les dispositions du pays se trouvaient encore bonnes, Mesdames pourraient attendre leur suite dans ce port, sinon qu'elles s'embarqueraient sur-le-champ. Il faut remarquer que cette frégate, sur laquelle Mesdames semblaient pouvoir se rendre en Sicile, était destinée aussi à conduire à Trieste le marquis de Gallo, chargé près la cour de Vienne d'une commission importante.

Le départ du Roi avait jeté la ville de Naples dans une grande confusion. Quoique la veille le peuple n'eût paru animé que contre les jacobins, et qu'une seule parole du Roi, qui se montra sur son balcon, eût suffi pour l'arrêter, il n'en est pas moins vrai qu'il était en mouvement, et fort mécontent du départ de la cour. On faisait en même temps des dispositions très précipitées pour établir le gouverneur-général à Capoue. Mesdames se déterminèrent à se rendre à Trieste, et on proposa de partir le lendemain matin; le courrier représenta que c'était trop tard, et Mesdames montèrent en voiture à deux heures du matin, après avoir fait leurs dévotions à la messe, qui leur fut dite à minuit et demi (7). Elles avaient dans leur carrosse, la duchesse de Narbonne, la comtesse, le comte, et le comte César de Chastellux; dans un second carrosse étaient la comtesse de Narbonne, Mlles. de Chastellux,

Mgr. l'évêque de Pergame, le médecin et le chi-
rurgien de Mesdames. Les autres voitures devaient suivre de douze en douze heures.

A quelques lieues de Caserte, un courrier venant de Manfredonia remit au comte de Chastellux une lettre par laquelle le marquis de Gallo
l'informait que la frégate sur laquelle on comptait était sortie de ce port. Mesdames jugèrent
que S. M. sicilienne n'ayant fait aucune disposition pour leur embarquement à Naples, elles
n'y trouveraient aucune ressource. Dailleurs,
l'agitation de la capitale et de ses environs, la
retraite, au moins précipitée, d'une armée di-
minuée chaque jour de plus en plus par une
dispersion dont il y a peu d'exemples, rendaient
fort dangereux le parti de retourner à Naples.
Elles desirèrent d'ailleurs s'éloigner du point sur
lequel se dirigeaient tous les efforts de l'ennemi.
Le comte de Chastellux écrivit en conséquence à
M. le capitaine-général Acton, pour lui faire savoir que Mesdames s'en tenaient au plan arrêté
par LL. MM., et pour le prier de suppléer au
défaut de la frégate, soit par les moyens personnels du Roi, soit à l'aide des vaisseaux anglais et
portugais. On recommanda au courrier de remettre cette lettre à M. le vice-roi Pignatelli, en cas
que M. le capitaine-général Acton fût parti; mais
il était encore en rade avec la famille royale.

Mesdames continuèrent leur route jour et nuit. Le 24, elles éprouvèrent un vent, un froid, une neige, qu'on ne connaît guère en Italie : il fallut employer onze heures pour faire douze milles, et les valets-de-pied furent presque gelés sur les siéges des voitures (8). Mesdames arrivèrent le 25 à Manfredonia, où elles trouvèrent le marquis de Gallo. Le comte de Chastellux eut soin d'établir avec lui, soit pour le voyage, soit pour les affaires que Mesdames pourraient avoir à faire traiter par la suite avec la cour de Vienne, relativement à leur séjour, des rapports qui paraissaient aussi convenables qu'utiles. Le ministre assura qu'il faisait partir un courrier pour demander une autre frégate.

Le 27, un courier vint proposer verbalement à Mesdames, de la part de M. le vice-roi, de retourner à Naples pour s'embarquer; mais il n'apportait ni lettre, ni billet qui pût lui donner créance. Il ne parut ni prudent, ni décent de changer, sur la simple parole d'un courrier inconnu, des dispositions concertées avec LL. MM. siciliennes. Le désordre de Naples croissait; le danger résultant de la disposition des armées devenait plus pressant ; le peuple des campagnes, avec de bonnes dispositions, était en grande fermentation. Les voitures de la suite de Mesdames avaient été arrêtées et leurs gens en danger. Le comte de Chastellux écrivit à M. le vice-roi les motifs qui déterminaient Mesdames à ne point se rendre à une proposition faite dans une telle forme, et le pria de vouloir bien lui renvoyer le même courrier avec des éclaircissements sur les raisons qui le portaient à donner ce conseil à Mesdames. Le courrier ne revint pas; le comte de Chastellux a su depuis que M. le vice-roi n'avait pas con-. naissance de sa lettre deux jours après l'arrivée du courrier, et que la dépêche du marquis de Gallo, qui la contenait, n'avait pas même été décachetée, tant était grande la confusion qui régnait dans Naples et dans le palais.

Le 30, le marquis de Gallo instruisit le comte de Chastellux de la prise de Pescara, seul poste qui pût tenir encore dans l'Abbruzze. Les troupes n'opposaient plus aucune résistance, et se dispersaient en toute occasion. Le peu de distance de Pescara à Manfredonia mettait Mesdames dans le plus grand péril, et si les troupes républicaines ne s'étaient pas portées sur Naples, elles auraient pu arriver à Manfredonia avant la nouvelle de leur marche. Le marquis de Gallo, en attendant une frégate, avait pris les deux seules polacres (9) libres qui se trouvassent dans le port; il dit à Mesdames qu'il ne pouvait leur offrir des bâtiments exposés à la visite du moindre corsaire, de quelque nation qu'il fût; qu'il

s'en servait pour lui-même parce qu'il aborde-
rait où il pourrait, et peut-être sur un point de
la côte, d'où il serait obligé de continuer sa route
pour Vienne à cheval (10).

Le ministre conseilla à Mesdames de se rendre
à Foggia, où elles seraient plus à portée d'avoir
des nouvelles et d'où elles pourraient se retirer
suivant les circonstances le long de la côte de la
Pouille. On espérait toujours l'arrivée d'un bâtiment envoyé de Sicile, et cette marche devait
en rapprocher; elles prirent ce parti, et étaient
déjà assez près de Foggia lorsque des lettres, écrites de cette ville par M. l'évêque de Moulins (11),
leur donnèrent de l'inquiétude sur la marche des
Français dans l'Abbruzze, et sur les dispositions
du peuple. Elles retournèrent à Manfredonia;
le marquis de Gallo les assura que les Français n'a-
vaient fait aucun mouvement de ce côté, et qu'ils
se dirigeaient sur Naples. Malgré la fatigue de
ces courses continuelles, Mesdames repartirent
le lendemain pour Foggia, laissant à Manfredonia la plus grande partie de leur suite, qui pouvait, sur de petits bâtiments, venir les joindre
sur le point de la côte où elles seraient obligées
de se retirer. Par cette disposition leur marche
personnelle était moins embarrassée, moins difficile; elles rencontrèrent en chemin une voiture
de leur suite; leurs gens conseillèrent en pleu-

rant, de ne pas s'exposer dans une ville qui leur avait paru dans une fermentation inquiétante. Mesdames jugèrent que ne pouvant éviter des dangers, elles devaient préférer celui qui leur offrait au moins une chance de salut; il est vrai que l'homme principal de cette ville pensait fort mal : c'était le président du tribunal de la douane, établi pour connaître des difficultés qui peuvent s'élever relativement aux droits de la couronne sur les troupeaux de la Pouille, qui forment une partie importante des revenus de S. M. sicilienne (12); on croyait ce président livré au parti républicain, quoique le reste de la ville fût encore fidèle; il occupait un palais appartenant au Roi, dans lequel Mesdames avaient logé en se rendant à Manfredonia, et qu'elles devaient occuper encore; il se prêta de très mauvaise grâce à les y recevoir, et fit semblant d'être malade pendant tout le temps qu'elles y passèrent, pour se dispenser de leur faire sa cour. Mesdames se trouvèrent fort mal logées ; les appartements étaient incommodes et très froids ; la neige couvrit long-temps la terre, et Madame Victoire qui avait beaucoup souffert de la rigueur de la saison dans la journée du 24 décembre, parut déjà fort incommodée pendant son séjour dans cette ville. Chaque jour on recevait les avis les plus effrayants sur les progrès des troupes françaises; c'était à travers beaucoup d'inquiétudes et de soins, qu'on démêlait ce que la peur et la mauvaise volonté ajoutaient à la vérité qui n'était que trop alarmante : on sait que déjà les Français attaquaient Capoue.

Le comte de Chastellux s'occupait sans cesse des moyens de faire sortir Mesdames d'un pays qui devenait, de jour en jour, plus dangereux; ces princesses ne pouvaient rien espérer de l'incognito, si on l'eût essayé; leur âge, leur santé ne permettaient aucun parti hasardé; leur suite, d'environ soixante personnes, parmi lesquelles se trouvaient vingt-cinq femmes (13), était difficile à transporter; on peut juger quelle était la sollicitude du comte de Chastellux, chargé seul d'un dépôt si précieux, dans un pays abandonné par son propre gouvernement, également menacé par les progrès des armées étrangères et par les progrès intérieurs de la démocratie; il essaya de se procurer une polacre pour échapper à ces dangers, s'ils devenaient trop pressants; il ne s'en trouva qu'une à Manfredonia, et il n'y en avait pas dans tous les autres ports voisins; mais cette polacre était déjà en chargement. Le marquis de Gallo n'osa donner l'ordre de la prendre pour le service du Roi et pour l'usage de Mesdames; le président de la douane de Foggia refusa de se mêler de cette affaire , craignant qu'il n'y eût des indemnités à payer , et il osa dire au comte de Chastellux qu'il serait embarrassé de rendre compte d'une pareille dépense aux Français lorsqu'ils viendraient.

Les nouvelles qu'on recevait permettaient peu d'espérer que S. M. sicilienne pût envoyer des secours à Mesdames. Dès le 6 janvier , le comte de Chastellux écrivit à M. l'amiral Outchakoff, plein de confiance dans les sentiments d'un général que l'Empereur de Russie avait chargé d'une mission importante; il lui peignit la situation dans laquelle se trouvaient les tantes du Roi de France , ami, allié de S. M. sicilienne ; il ne doutait pas que M. l'amiral ne jugeât digne de la gloire de l'Empereur , son maître, de préserver Mesdames de la rage des ennemis de leur maison , et il lui rappela les liaisons personnelles d'amitié qui s'étaient formées entre les familles impériale et royale pendant le voyage de M. le comte du Nord en France. Toutes les lettres que le comte de Chastellux écrivit, conservèrent le ton qui convenait à la dignité du Roi et à celles de Mesdames ; mais il était fort incertain que , dans de telles circonstances, une lettre qui partait par la voie indispensable du président de la douane, parvînt, de gouverneur en gouverneur, depuis Foggia jusqu'à Otranto, y fût embarquée, et arrivât à Corfou ; le comte de Chastellux en expédia des duplicata par d'autres voies ; il sut en même temps qu'il y avait encore des vaisseaux anglais et portugais dans le golfe de Naples ; il écrivit à lord Nelson et au marquis de Nissa, commandant l'escadre portugaise, pour leur demander une frégate pour le service de Mesdames ; le vice-roi lui répondit qu'il ne pouvait disposer d'un seul bâtiment quel qu'il fût ; que Mesdames feraient bien de pourvoir elles-mêmes à leur sûreté, et de se retirer à Brindisi, comme avait fait le marquis de Gallo. Les escadres anglaises et portugaises venaient de partir ; on dit au courrier qu'on ne savait où elles étaient allées, et le vice-roi négligea d'envoyer en Sicile les lettres écrites aux deux amiraux, ce qui fit manquer le succès que le comte de Chastellux avait dû espérer de cette mesure.

On voyait passer tous les jours des bandes de déserteurs, des officiers qui conduisaient un petit nombre d'hommes et une grande quantité de charriots ; le peuple regardait comme des traîtres et des lâches ces soldats débandés, et restait encore fidèle au Roi. Bientôt on fit courir le bruit que tous les ministres, les généraux, et surtout M. le capitaine-général Mack trahissaient S. M. sicilienne ; que le prince de M***. était le seul qui pût sauver le royaume, et on lui laissa pren-

dre quelques avantages sur des détachements :
c'était ainsi qu'il se frayait la route qu'on lui a
vu suivre (14). On sut peu de jours après que
l'on avait envoyé le duc de Gesso, gouverneur
du prince Léopold, et le prince de Migliano, premier écuyer du Roi, pour traiter avec Champion-
net. On apprit enfin, le 14 janvier, qu'après
quelques conférences on avait signé un traité ;
il paraissait donner le temps à S. M. sicilienne
de traiter à Paris ; mais on abandonnait sur-le-
champ aux troupes du directoire, Capoue, Bé-
névent, qui décidaient du sort de la ville de
Naples, et on leur laissait occuper l'Abbruzze et
la Pouille jusqu'à la rive gauche de l'Offanto ;
par un autre article, on promettait qu'aucun vaisseau de ligne ou frégate ne sortirait des ports de
S. M. sicilienne, et que l'on n'y recevrait aucun
vaisseau appartenant aux puissances coalisées.
Ce dernier article aurait enfermé Mesdames dans
le royaume de Naples ; le premier les contrai-
gnait de passer très promptement l'Offanto ; déjà
le comte de Chastellux leur avait fait des représentations pour qu'elles quittassent Foggia,
qu'il trouvait trop près de la ville de Naples. M.
Lavite, médecin de Madame Adélaïde, avait
prononcé, le 12 janvier, que Madame Victoire,
dont la santé commençait à se déranger, n'était
pas en état de voyager ; il fut cependant décidé

qu'elle partirait le 15, quoiqu'il y eût peu d'amélioration dans sa santé.

Mesdames couchèrent à Cérignola, terre appartenante à M. le comte d'Egmont, et elles y furent reçues avec transport par les habitants attachés à leur Roi et touchés des malheurs de ces Princesses. Le 16, elles arrivèrent à Trani; cette ville, ainsi que celle de Barletta, près de laquelle on avait passé, poursuivaient les Jacobins et fermaient leurs portes aux déserteurs. Le comte de Chastellux aurait bien desiré que Mesdames se rendissent de suite à Brindisi; mais on voulut s'arrêter à Trani, d'où il s'empressa d'envoyer un courrier au marquis de Gallo; il voulait se conserver en mesure d'être aidé par ce ministre, le tenir au courant des projets de Mesdames, savoir de lui s'il avait des nouvelles de la frégate qu'il avait demandée, et se procurer des éclaircissements sur le traité qui avait été signé à Naples; il lui paraissait convenable aussi, de l'informer de la lettre qu'il avait écrite à M. l'amiral Outchakoff, et il lui en envoya encore un duplicata, pour qu'il le lui fît parvenir. Le marquis de Gallo répondit au comte de Chastellux, le 21, que l'arrivée de la frégate napolitaine n'avait été retardée que par la durée des vents du nord, qui avait aussi retardé son propre départ; qu'au premier vent du sud on la verrait paraître; qu'il n'avait pas de moyens d'envoyer sûrement une lettre à Corfou; que cependant celle qu'on lui avait adres-sée était partie le 19, et qu'il ferait préparer à Brindisi un logement pour Mesdames, puisqu'elles voulaient y aller d'après le conseil du vice-roi; d'ailleurs, il parlait du traité avec tout le mépris qu'aurait mérité un bruit populaire.

Pendant le séjour de Mesdames à Trani, le comte de Chastellux les pressa de passer à Raguse, d'où elles pourraient prendre une direction qui les préserverait des corsaires; Madame Adélaïde s'y refusa. Le comte de Chastellux prit la précaution d'écrire à M. de Clérambault, émigré français établi à Raguse, pour qu'il fît des démarches afin de s'assurer de chebecs de l'Empereur, si on était obligé de se passer d'autres bâtiments de guerre. On a su depuis que M. le comte de Bradi, gouverneur de la Dalmatie autrichienne, avait en effet donné un chebec à M. de Clérambault pour venir chercher Mesdames à Brindisi, et qu'il avait été forcé de rentrer à Cattaro, après avoir lutté inutilement pendant vingt-deux jours contre les tempêtes. On s'était assuré à Manfredonia d'un Trabaccolo, pour porter la suite de Mesdames qu'on y avait laissée, et on la fit venir à Trani; Mesdames en partirent le 26 janvier; l'opinion publique y était excellente; mais on y apprenait que le peuple de Naples s'agitait, et le gouverneur, en conservant beaucoup de respect, ne dissimulait pas que le séjour de Mesdames lui donnait de l'inquiétude. La ville de Bari les reçut avec de très bonnes dispositions ; mais bientôt aussi Mgr. l'archevêque et le gouverneur parurent desirer leur départ, quoiqu'ils n'aient pas cessé de leur donner jusqu'à leur embarquoment des témoignages publics de zèle et d'attachement.

Cependant on attendait des réponses de Corfou, des nouvelles du marquis de Gallo et l'arrivée de la frégate napolitaine. On apprit successivement que les Napolitains, trompés avec beaucoup d'adresse par ceux qui voulaient les faire tomber entre les mains des Français, dépouillaient, désarmaient et chassaient les débris de l'armée du Roi ; se croyaient en état de repousser seuls leurs ennemis ; et qu'enfin après avoir essayé leurs forces contre eux, ils avaient été bientôt trahis, vaincus et pervertis.

Le 31 janvier, le directeur de la poste porta au comte de Chastellux une lettre qu'il venait de recevoir du marquis de Gallo, qui lui mandait qu'il arriverait très incessamment à Brindisi des frégates russes, et lui adressait un paquet à faire tenir au gouverneur de Trani ; ce paquet pouvait contenir une réponse de l'amiral russe Outchakoff au comte de Chastellux ; il l'envoya à Trani

par un courrier, qui en effet lui rapporta le soir
une lettre de cet amiral; il écrivait au comte de
Chastellux; que l'escadre du contre-amiral Pus-
toskin, déjà envoyée dans l'Adriatique, confor-
mément à sa volonté, servirait *aux personnes augustes désignées dans sa lettre*, comme au marquis de Gallo, et que l'on serait informé de sa marche par ce ministre, si on ne la voyait pas paraître
à la mer. La poste partait le soir et devait arriver
le lendemain à Brindisi; le comte de Chastellux
écrivit au marquis de Gallo pour lui demander
de lui envoyer un courrier; et comme le chemin
par terre était impraticable, surtout relativement
à l'état de santé de Madame Victoire, il s'occupa
de trouver un bâtiment, soit pour aller chercher
l'escadre de Brindisi, soit pour la joindre en pleine
mer, si elle se montrait à la hauteur de Bari. Le
2 février, des pêcheurs rapportèrent que deux
frégates russe et turque étaient arrivées dans la
rade de Brindisi; il était naturel de penser que
le marquis de Gallo enverrait un courrier pour
régler la marche de Mesdames. Cependant pour
ne rien mettre au hasard dans une circonstance
si importante, Mesdames se déterminèrent à partir pour Brindisi dans le trabaccolo; ce bâtiment,
particulier à l'Adriatique, n'a que quatre pieds
de hauteur dans son entrepont; mais on n'en
trouvait pas d'autres dans le petit port de Bari;

d'ailleurs il n'y avait pas un moment à perdre pour quitter cette ville; on avait reçu de Trani des avis certains que des commissaires français étaient déjà arrivés à Barletta; le tribunal de Trani s'était démis, et il était parti de cette ville des députés pour aller au-devant des commissaires. Des avis, qui se trouvèrent ensuite mal fondés, firent craindre, dans la matinée du 4, que ces commissaires ne fussent déjà à peu de distance de Bari, qui leur envoyait aussi des députés, et on commençait à faire des difficultés pour des patentes de santé. Le comte de Chastellux pressa Mesdames de s'embarquer même avant leurs équipages. En effet pendant que l'on transportait leurs ballots, on commençait déjà à distribuer dans la ville les cocardes des rebelles. On partit le soir et on fit trente-cinq à quarante milles; ensuite le vent devint contraire, la mer fort grosse, et le matin on avait perdu sur la route déjà faite. On essaya vainement, à midi, d'entrer dans un petit port; ce ne fut que le soir qu'on parvint à mouiller à *Mola di Bari,* qui n'est qu'à quinze milles de Bari. Cette ville était dans une grande confusion; on y sonnait le tocsin; on y voyait des maisons en feu; on entendait des coups de fusils; les royalistes et les républicains s'y battaient, et on venait de temps en temps sur le rivage menacer le trabaccolo. Pour surcroît de danger, il y avait peu de fond, et le petit bâtiment risqua plusieurs fois de périr pendant la nuit. Avant le jour, le patron vint trouver le comte de Chastellux, et lui signifia que ne pouvant ni rester dans ce port, ni résister au vent du sud, il était obligé de retourner vers Bari. On peut juger de l'inquiétude qu'une telle proposition donna au comte de Chastellux; tout ce qu'il put gagner, c'est qu'on s'arrêterait dans quelque anse avant d'arriver à Bari; qu'on s'y informerait de l'état de cette ville, et que s'il était aussi mauvais qu'on avait sujet de le craindre, on ferait voile vers Manfredonia. On fut porté par le vent de sud jusqu'à cinq milles de Bari, et on éprouvait déjà le chagrin d'en distinguer trop clairement tous les objets, lorsque tout-à-coup le vent changea, devint si favorable qu'en neuf heures on fit soixante-quinze milles, et qu'on arriva le 6 février, avant la fin du jour, dans la rade de Brindisi. On trouva le pavillon napolitain sur le château qui en défend l'entrée; mais les frégates russes et le marquis de Gallo en étaient partis le 3. On n'osa pas risquer d'entrer dans le port, on mouilla dans la rade, et le comte de Chastellux alla le lendemain à la ville pour y prendre des informations sur l'état du pays; des carrosses et une maison étaient préparés pour Mesdames; il trouva des sujets fidèles; mais une population de quatre à cinq mille ames, effrayée par la dissolution de l'armée et par les malheurs de Naples, était disposée à se soumettre au premier commissaire qui arriverait, et on en annonçait déjà pour le surlendemain. Le comte de Chastellux jugea que Mesdames ne devaient pas descendre dans une ville où elles pouvaient se trouver enfermées, et qui serait municipalisée sur une simple lettre; il se vit obligé d'entamer une nouvelle négociation avec l'amiral Outchakoff, qui devait croire que Mesdames faisaient voile pour Trieste sur les frégates qu'il leur avait envoyées; le comte de Chastellux lui écrivit donc sur-le-champ, et profita du départ d'un officier russe qui allait s'embarquer à Otranto pour passer à Corfou.

Le comte de Chastellux ne pouvait se déterminer à exposer, sans une nécessité absolue, Mesdames en pleine mer sur un trabaccolo : elles craignaient cet élément; un tel bâtiment à la merci du moindre corsaire, visité par tous les vaisseaux qu'il rencontre, rend aussi, par sa petitesse, l'image des dangers de la navigation plus vive et plus rapprochée. Mesdames étaient décidées cependant à se confier plutôt aux flots qu'aux républicains, et s'il fût arrivé des commissaires, leur parti était pris de se rendre à Corfou ou à Trieste, suivant la direction que les vents prescriraient. Cette pénible inquiétude présentait un

avenir fâcheux, sous quelqu'aspect qu'on la consi-
dérât; le séjour, même tranquille, dans un trabaccolo était déjà un tourment; chacun n'avait d'espace, dans ce bâtiment, que la largeur de son
corps; on n'avait d'air que par l'ouverture du
pont qu'on fermait le soir; les uns étaient cou-
chés sur une natte, d'autres sur un coussin de voiture; fort peu sur un matelas. Cependant soixante
personnes, évêques, prêtres, vieillards, femmes
et enfants y étaient entassés; tous les genres d'in-
commodités et de souffrances éprouvaient à la
fois leur courage. Mesdames n'avaient qu'une
chambre avec deux petits lits; leurs deux dames
d'honneur couchaient par terre sur un matelas
qu'on relevait le jour pour servir de siége. Il fallut passer dans ce trabaccolo trente-un jours
sans se déshabiller (15); il fallut même se trouver heureux de le pouvoir conserver; les matelots menacèrent de s'en aller; on fut forcé, pour
les garder, de faire un marché très onéreux avec
eux, puisqu'ils exigèrent 6,000 ducats; mais
comme 5,000 n'étaient payables qu'à l'arrivée à
Trieste, même après avoir passé par Corfou, le
comte de Chastellux crut avoir intéressé leur cu-
pidité à la conservation de Mesdames, et avoir
rendu leur corruption plus difficile. Ces condi-
tions désavantageuses se trouvèrent annulées par
l'arrivée de la frégate russe.

Heureusement les commissaires républicains n'osaient pas s'éloigner de Naples, et les Français n'étaient pas assez en force pour envoyer des détachements à de si grandes distances. Il y avait déjà huit ou dix jours qu'on attendait la réponse de l'amiral Outchakoff, lorsqu'il arriva un événement qui pouvait devenir très embarrassant pour Mesdames, et qui fut aussi heureux dans ses conséquences que romanesque dans son principe. M. de Boccheciampi, gentilhomme corse qui n'avait quitté l'armée de Condé qu'en 1797, et auquel le comte de Chastellux avait rendu quelques services à Naples, vint le voir; il avait été obligé, ainsi que d'autres Corses pensionnés par l'Angleterre, de quitter précipitamment Tarente, où l'on avait planté l'arbre de la liberté, et ils cherchaient à s'embarquer pour aller à Corfou demander du service aux Russes. Il raconta que dans un village un d'eux avait été pris pour le Prince héréditaire de Naples; cette circonstance ne parut mériter d'abord aucune attention; on sut le lendemain que le peuple de Brindisi avait partagé la même erreur pour la même personne; les matelots du trabaccolo vinrent dire qu'ils avaient vu et bien certainement reconnu Mgr. le Prince héréditaire; que le peuple l'avait conduit à la cathédrale, prenait ses ordres et emprisonnait tous les jacobins. On fit

à ces matelots quelques questions sur l'équipage
et la suite du prétendu prince. Il était venu,
disaient-ils, *come un poverello;* mais ils n'en
étaient pas moins sûrs que c'était lui : des gardes-
du-corps même l'avaient reconnu. Le soir, on dit
que le Prince avait demandé des nouvelles *delle
care zie,* et annoncé qu'il viendrait le lendemain pour leur baiser la main. Il eût été dangereux de s'opposer à cette erreur du peuple, qui
avait ranimé en lui un zèle de royalisme porté
jusqu'à la fureur; il était encore plus fâcheux
pour Mesdames d'appuyer, par leur aveu, une
telle imposture : il fallut donc attendre en silence
les moyens d'éclaircir une aventure si étrange.
Le lendemain on vit arriver une multitude de
petites barques remplies de peuple, ornées de
pavillons napolitains, et *le Prince parut;* il faut
convenir qu'un imposteur aurait pu tirer avan-
tage de quelques traits d'une ressemblance cependant fort imparfaite; il s'enferma dans la petite chambre de Mesdames, s'empressa de leur
dire qu'il s'appelait le comte de Corbara, qu'il
était émigré corse et sujet fidèle du Roi; il ajouta
que voyageant à pied, sans argent et assez mal
vêtu, il n'aurait pu s'attendre à une erreur de ce
genre; qu'il l'avait combattue tant qu'il avait pu,
quoique sans succès, et qu'il s'efforcerait de la
rendre utile au service du Roi de Naples. Il sup-

plia en même temps Mesdames de vouloir bien rendre témoignage de son innocence aux deux Rois. Le comte de Chastellux lui demanda par quel moyen il comptait faire finir un rôle si difficile à soutenir. Il répondit qu'il avait déjà déterminé le peuple à le laisser partir pour Corfou, afin de demander des secours à M. l'amiral Outchakoff; il se rendit fort intéressant par sa douceur, par le désintéressement qui lui fit refuser l'argent qu'on lui offrait, et par la prudence qu'il montra dans une circonstance si extraordinaire. Il est certain que le peuple aurait massacré quiconque aurait osé dire qu'il n'était pas le Prince héréditaire; on se disputait l'honneur de conduire la barque qui devait mener à Corfou l'héritier de la couronne des Siciles; il partit en effet le lendemain; le peuple voulut garder, comme un de ses principaux courtisans, comme un agent de confiance, M. Boccheciampi ainsi que M. Cesari, autre Corse, qui l'a aidé avec beaucoup de courage dans ses entreprises. On a su depuis que ce jeune homme avait été pris par un corsaire barbaresque, racheté par le consul d'Angleterre, et ensuite bien traité à Palerme.

Après son départ, on se trouva plus tranquille sur l'état du pays, dans lequel le royalisme s'était ranimé jusqu'à l'enthousiasme. Mais on vit un jour paraître, à l'entrée de la rade, un bâti-

ment armé de huit canons, portant pavillon impérial ; le patron du trabaccolo s'empressa d'ar-
borer le pavillon du roi de Naples, et sur-le-
champ le bâtiment sortit de la rade. Cette
manœuvre fit juger que c'était un corsaire et
apprit que l'on pourrait être enlevé très facile-
ment au milieu de cette grande rade. On se rap-
procha de la ville ; mais on ne pouvait plus
exposer Mesdames à naviguer sans escorte dans
l'Adriatique, puisqu'il y avait sur cette côte des
corsaires instruits sans doute de leur séjour.

Le comte de Chastellux écrivit une nouvelle
lettre à l'amiral Outchakoff, et lui dépêcha un
courrier sur une barque de pêcheur. Cependant
M. de Boccheciampi s'occupait de réunir les
royalistes ; il prononça des discours, fit des pro-
clamations au nom de la religion et de la royauté,
sans parler du Prince héréditaire : toute sa conduite répondit à la sagesse de ce début. Il recevait des députations de tous les pays voisins, et
se trouva assez en force pour réduire à l'obéissance de S. M. sicilienne les villes de Martina,
Lecce, Tarento, malgré la résistance de l'archevêque qui était président de la municipalité, et
qui fut arrêté. M. de Boccheciampi entretenait
des correspondances et venait quelquefois con-
férer avec le comte de Chastellux, auquel les
royalistes de Brindisi montraient la même con-

fiance. Ils lui faisaient part de tout et l'embar-
rassaient même quelquefois par leurs questions
relatives à M. de Boccheciampi, qu'ils voyaient
en grande relation avec lui. Ils lui demandaient
qui était ce seigneur connu sous le nom mysté-
rieux d'*Incaricato*. Le comte de Chastellux répondait que c'était *una persona mandata à posta
per questi affari*. La bonté de ce peuple était
telle qu'il se contentait de cette réponse, se re-
prochait sa curiosité, et qu'ils se disaient entre eux:
« Quand il en sera temps, on saura son nom,
ils ne veulent pas encore le dire. »

Enfin, le 4 mars, la barque envoyée à Corfou
revint et annonça l'arrivée prochaine d'une frégate, à laquelle M. l'amiral Outchakoff avait
donné à peine trois jours pour se réparer. On
sut qu'il se disposait alors à attaquer l'île de
Vido, dont la prise décida la reddition de Corfou. Le 5, cette frégate arriva avec une polacre,
portant pavillon turc, destinée à la suite et aux
équipages de Mesdames. M. Bailie, officier anglais qui commandait la frégate, remit au comte
de Chastellux une lettre de l'amiral Outchakoff.
Il lui mandait qu'il regrettait fort de ne pouvoir
lui-même offrir ses services à Mesdames; que
l'escadre qu'il avait envoyée dans l'Adriatique,
pendant l'hiver, avait encore besoin de répara-
tions. Il conseillait à Mesdames de ne pas entre-

prendre pour lors un plus long voyage, et leur demandait de vouloir bien venir à Corfou, où elles trouveraient toute sûreté (16). Les arrangements nécessaires pour l'établissement de Mesdames sur la frégate, furent pris avec les attentions les plus recherchées de la part de MM. les officiers russes, qui se privèrent même de leurs hamacs et se retirèrent à fond de cale pour pouvoir loger le service de Mesdames. On commença dès lors à éprouver de très bons procédés, qui ne se sont jamais démentis depuis.

Les vents contraires retinrent Mesdames jusqu'au 15 mars dans la rade de Brindisi. Le comte de Chastellux, instruit qu'elles n'avaient plus d'argent, profita de ce temps pour leur procurer, dans cette petite ville, 2,000 ducats sur des fonds appartenants à S. M. sicilienne. Mais ce délai fut très fâcheux pour la santé de Madame Victoire, qui commença à épouver presque continuellement des vomissements, qui jusque-là ne l'avaient incommodée que très rarement.

Un jour qu'une tempête très violente se faisait sentir même dans la rade, un trabaccolo fut forcé de s'y réfugier. La frégate le trompa avec le pavillon tricolore; il l'arbora aussi et fut pris. Ce bâtiment était commandé par le sieur Guignes, de Marseille, et avait à bord un nommé *Gantheaume*, de la marine marchande du même port, et le sieur Lefranc, officier de cavalerie, très ardent jacobin. Ils étaient chargés de paquets pour Buonaparte, assez importants pour qu'on eût promis au sieur Guignes 24,000 fr. et le brevet de capitaine de vaisseau, s'il parvenait à les remettre en main propre. Ils racontèrent qu'étant déjà près de la côte d'Egypte, une forte tempête les avait rejetés jusque dans l'Adriatique; le vent du sud avait continué depuis, et il se trouva que c'était le même bâtiment qui avait paru avec pavillon impérial et qui avait donné de l'inquiétude quelques jours auparavant. Ils avaient jeté leurs dépêches à la mer. Les lettres particulières n'apprirent rien de bien intéressant. On trouva seulement dans les gazettes des détails sur les malheurs du Piémont.

Le 15 mars, on profita d'un vent favorable pour sortir de la rade de Brindisi; bientôt le vent tourna au sud, et se soutint dans cette direction le 15 et le 16. Le capitaine de la frégate voulait traverser le golfe, dans l'espérance de trouver à Valona un vent du nord qui y est presque périodique. Dans la soirée du 16, le vent devint très fort; la nuit suivante on éprouva une véritable tempête (17), qui dura le 17 et le 18, et n'était pas encore calmée le 19, lorsque la frégate fut approchée par un vaisseau de 74 canons, que l'on avait observé à une assez grande dis-

tance depuis la soirée de la veille; on l'avait d'a-
bord pris pour la frégate russe de 5o canons qui
avait conduit le marquis de Gallo à Trieste, et
dont la construction se rapproche de celle des
vaisseaux à deux ponts. A huit heures du matin,
il n'était plus possible de s'y méprendre, ce vaisseau arbora un pavillon que l'on crut napolitain;
mais il ne put inspirer de confiance. Un vaisseau
venant de Sicile aurait profité d'un vent de sud
très fort, qui aurait favorisé sa route dans le
golfe; au contraire, ce vaisseau s'efforçait, comme
la frégate de Mesdames, de sortir du golfe, malgré le vent de sud. On eut lieu de craindre que ce
ne fût *le Généreux*, échappé de Corfou au commencement de février, et qui s'était retiré à Ancône. Le capitaine donna ordre de se préparer au
combat, et fit descendre Mesdames à fond de
cale. Madame Victoire, qui était déjà bien malade, montra un courage dont l'effort a pu lui être
très nuisible (18). Le chevalier Baylie fit ensuite
observer au comte de Chastellux que le vaisseau
ne répondait pas juste aux signaux de reconnaissance, et que ses manœuvres indiquaient qu'il
voulait attaquer; le capitaine ajouta qu'ayant
Mesdames à son bord, et ne pouvant opposer à
un vaisseau de 74 que trente-six canons, dont
dix-huit de 6 livres, il chercherait à l'éviter. Le
vaisseau fit semblant de lui donner chasse, et le

quitta aussitôt. La frégate alla, vent arrière, mouiller dans le golfe de Durazzo. On croyait pouvoir y être protégé, en cas de besoin, par les batteries de la ville : il se trouva qu'il n'y avait ni poudre ni canons. Le capitaine voulait informer l'amiral Outchakoff de la rencontre de ce bâtiment. Le comte de Chastellux lui écrivit aussi pour l'engager à envoyer quelques vaisseaux au-devant de Mesdames. On savait déjà la prise de l'île de Vido et la reddition de la ville de Corfou. Un officier, que le capitaine envoya à terre, fut fort bien reçu par le bey, qui lui promit de faire tenir les paquets et de rendre le salut à la frégate. Le lendemain, le capitaine alla lui-même chez le bey, pour lui confier ces lettres et lui demander quelques provisions. La curiosité de voir une ville plus turque qu'albanaise y conduisit, avec lui, le comte de Chastellux et son fils, ainsi que plusieurs personnes de la suite de Mesdames. La ville leur parut fort pauvre et fort sale, le palais du bey misérable et sa réception très froide. Après avoir fait servir malproprement de son mauvais café, il voulut exiger que le chevalier Baylie lui fît voir ses papiers et la preuve que la frégate était russe. Le capitaine objecta que les vaisseaux de guerre n'avaient d'autres papiers que leurs instructions, 'qu'ils ne montraient pas ; mais le bey disposa des gardes, et dit qu'il ne laisserait sortir

personne de sa maison qu'il n'eût vu les papiers.
Il fallut donc en envoyer chercher et contenir son
indignation ; heureusement un brevet imprimé
de l'ordre de Saint-Wlodimir suffit à l'ignorance
du bey, qui laissa aller le capitaine et les passa-
gers, dont les différents langages inquiétaient les
Albanais. On fut obligé de rester à Durazzo jusqu'au 24 mars ; on en partit avec fort peu de
vent, et à force de patience on arriva dans la
matinée du 28 à Corfou, après avoir employé
quatorze jours à un trajet qui n'exige ordinairement que trente-six heures. Afin de prévenir
toute incertitude de cérémonial, le comte de
Chastellux n'attendit pas l'arrivée de la frégate
pour se rendre à bord de M. l'amiral Outchakoff.
Il en fut reçu avec la plus grande distinction ; la
garde du vaisseau prit les armes; l'amiral lui
donna la droite et le ton de la conversation répondit parfaitement aux autres politesses. Le
comte de Chastellux apprit alors que le vaisseau
qui avait donné tant d'inquiétude était portugais,
envoyé pour le service de Mesdames par lord
Nelson, et parti de Messine le 10 mars, c'est-à-
dire cinq jours après l'arrivée, à Brindisi, du
secours que le comte de Chastellux, malgré tant
de contradiction, avait obtenu des Russes. Ce
vaisseau était aussi chargé de porter a Trieste
S. A. R. le cardinal duc d'Yorck, les cardinaux

Braschi, Pignatelli et les seigneurs romains, membres du gouvernement provisoire qui avait été établi à Rome par le roi de Naples , ainsi que l'abbé de Rualleur et plusieurs autres personnes de la suite de Mesdames, que les circonstances extraordinaires de leur départ avaient portées en Sicile. Le commodore Stone , commandant ce bâtiment, avait eu ordre de passer à Corfou pour y savoir des nouvelles de Mesdames; la tempête du 16 l'avait trouvé à l'entrée du canal et l'avait jeté dans le golfe jusqu'à la hauteur de la Valona, et c'était aussi dans l'intention de se rendre à Corfou qu'il luttait contre les vents, ainsi que la frégate que montaient Mesdames. On n'entreprendra pas de décider si les deux capitaines, ou l'un des deux capitaines eurent tort dans ce défaut de reconnaissance (19). Il semblerait que le plus fort, n'ayant rien à risquer, aurait pu faire plus de frais pour l'éclaircissement. Il aurait pu aussi aller à Durazzo, puisque ayant rencontré la polacre qui portait la suite de Mesdames, il avait appris qu'elles étaient sur la frégate dont il s'était rapproché. Avec le vent qui régnait alors, on serait arrivé à Trieste quelques jours avant celui de l'arrivée à Corfou; on aurait passé vingt jours de moins à la mer; enfin on aurait pu traiter avec plus d'espérance la maladie de Madame Victoire.

Relation. 4

Après quelques moments d'entretien, l'amiral Outchakoff montra son empressement de faire sa cour à Mesdames, et, offrant une place dans son canot au comte de Chastellux, il lui fit voir, en passant, l'emplacement des batteries de l'île de Vido, et les dispositions qu'il avait faites pour l'attaquer et la prendre par le feu prodigieux de ses vaisseaux, tandis qu'à terre un corps de trois cents Russes, destiné à opérer une diversion, avait franchi le parapet des ouvrages avancés de la place. L'amiral arriva à bord de la frégate de Mesdames avant qu'elle fût parvenue au mouillage ; et déjà l'amiral Cadir-Bey, commandant l'escadre turque, s'y était rendu de son côté. L'amiral Outchakoff complimenta Mesdames avec le respect, avec les sentiments de zèle et d'attachement pour la bonne cause que l'on retrouve dans tous les généraux et officiers russes. Il s'occupa sur-le-champ de faire préparer, pour loger les princesses, le palais de l'archevêque, qui n'a pu être prêt que le 1er. avril.

Mahmoud-Effendi (*), employé sur l'escadre pour la partie politique, et qui l'avait été auparavant dans l'ambassade de Turquie à Londres, vint aussi faire sa cour à Mesdames : il parle

---

(*) Depuis Reiss-Effendi, et tué dans une révolte à Constantinople.

français et connaît bien les intérêts généraux de l'Europe. Le comte de Chastellux qui eut avec lui, dès ce jour-là, une conversation assez longue et qui l'a vu souvent depuis, l'a trouvé pénétré des meilleurs principes ; il convint que *l'Empereur* de France avait toujours été l'allié fidèle de la Porte ; que cette cour, séduite et conduite aux bords du précipice par la prétendue république, était enfin bien convaincue que la Turquie, ni l'Europe, ni les parties du monde les plus éloignées, ne pourraient être tranquilles tant que *l'Empereur* de France ne serait pas rétabli sur son trône, et qu'un des meilleurs moyens pour y parvenir était, en renouvelant la coalition, de reconnaître très ouvertement Sa Majesté très chrétienne.

Le comte de Chastellux alla le lendemain rendre visite à Cadir-Bey, qui parle assez bien italien, et montre beaucoup de simplicité et de bonhommie ; par une singularité remarquable, il y prit du café et fuma une pipe avec deux cardinaux, des prélats, des moines romains et des membres du gouvernement provisoire établi à Rome par le roi de Naples.

La ville de Corfou a été dévastée par les Français ; deux faubourgs très beaux et un quartier tout entier ont été détruits. Malgré leur ruine,

les habitants donnèrent de grandes marques de
respect et de zèle à Mesdames, et des députés de
la noblesse se tenaient presque toujours dans leur
antichambre pour attendre leurs ordres : leur
garde était de quarante hommes, commandés
par un officier.

On ne peut montrer de meilleurs sentiments
pour la cause de la religion, de l'honneur et des
trônes, que ceux qu'exprimaient tous les jours les
amiraux et officiers russes. Ils sentent tous les avantages du gouvernement monarchique sous l'au-
torité d'un prince qui leur fait partager sa gloire.
Ils détestaient les rebelles de France, et disaient
tous qu'ils seraient heureux de combattre, soit
sur terre, soit sur mer, pour le rétablissement
du Roi. Dans un dîner donné par la ville de
Corfou, en réjouissance de son affranchissement
de la liberté, on but à la santé du Roi avec celle
de tous les souverains. Toutes les fois que le comte
de Chastellux a dîné avec les amiraux, il a toujours reçu, au nom du Roi, la santé portée aux
alliés de l'empereur de Russie, et a porté aussi,
au nom du Roi, la santé de S. M. I. On remar-
quera encore qu'à un dîner auquel se trouvait le
comte de Chastellux, avec le cardinal de Braschi et les seigneurs romains, l'amiral Outchakoff
but à la santé du Pape, de sa famille, des princes

romains, et les entretint constamment du desir et de l'espérance qu'il avait de rétablir Sa Sainteté et de les voir à Rome (20).

Bientôt il arriva une députation de Brindisi, pour demander des secours à l'amiral russe. Accoutumés à s'adresser au comte de Chastellux, ces députés eurent recours a son assistance. Le consul napolitain réclama lui-même son intervention. Le chevalier Micheroux était venu au mois de février pour négocier ; mais on n'avait encore fait aucune disposition. Le comte de Chastellux obtint et pressa l'expédition de quatre frégates russes et turques, et lorsque le chevalier Micheroux revint, le 4 avril, il les trouva prêtes et put partir avec elles pour les côtes de la Pouille. Deux jours après son départ, une députation d'une autre province vint encore trouver le comte de Chastellux, et lui porter une lettre de M. Cesari, gentilhomme corse, dont on a déjà parlé. Il lui apprenait que le vaisseau *le Généreux* était venu s'emparer du château de Brindisi et dévaster la ville. M. Boccheciampi qui, après avoir été abandonné par une partie de ses troupes, s'était enfermé dans ce château, s'y était défendu courageusement; il avait d'abord fort endommagé le vaisseau, qui s'était engagé dans des bas-fonds et avait eu son capitaine tué; mais ensuite il avait été pris par trahison.

Le comte de Chastellux conduisit ces nouveaux députés à l'amiral Outchakoff, et conféra avec lui sur les moyens de renforcer les secours qui avaient déjà été envoyés. L'amiral le mena chez Cadir-Bey, avec lequel on prit les derniers arrangements pour l'envoi qui se fit, dans la soirée, de barques canonnières d'un très gros calibre. *Le Généreux* était parti très précipitamment de Brindisi sur la nouvelle de l'approche des Russes, sans se donner même le temps d'emporter son butin, et s'était retiré à peu de distance. Ce voisinage détermina le chevalier Micheroux et les frégates à revenir à Corfou. On les en fit repartir très précipitamment, et on joignit une frégate de cinquante canons à cette petite escadre. Ces négociations devaient leur succès au nom du Roi, que le comte de Chastellux crut devoir employer pour la conservation des provinces du royaume de Naples (21). Il fit aussi de grands efforts pour qu'on s'occupât des moyens d'échanger M. Boccheciampi, ou que l'on menaçât de représailles les républicains, si on se portait à quelque violence contre lui. On a pourtant lieu de craindre que cet officier, brave et intelligent, n'ait été fusillé : il serait fort regrettable.

On faisait en même temps les arrangements nécessaires pour que Mesdames eussent une es corte convenable lorsqu'elles partiraient. Le vaisseau portugais envoyé par lord Nelson prétendait à l'honneur de les conduire à Trieste ; l'amiral Outchakoff paraissait aussi le desirer, pour ne pas se priver d'un vaisseau. Le comte de Chastellux était vivement touché de tous les témoignages d'attachement que Mesdames avaient reçus des Russes. Il savait ce que Paul Ier. préparait pour le salut de l'Europe et pour le rétablissement de la France. Il connaissait les sentiments personnels qui unissent le Roi à S. M. I., et il tenait, par tous ces différents motifs, au desir de voir Mesdames partir de Corfou avec le secours des forces navales de l'empereur de toutes les Russies. Il assura constamment l'amiral Outchakoff que Mesdames n'accepteraient le vaisseau portugais que comme leur étant donné par lui. Il fut réglé que l'amiral joindrait à ce vaisseau deux frégates russes de 50 canons, dont l'une servirait à transporter les cardinaux et les princes romains.

Il ne restait rien à desirer pour la sûreté ni pour la dignité de Mesdames. Après trois mois d'une responsabilité pénible par sa durée et par ses difficultés, le comte de Chastellux aurait pu jouir de quelques dédommagements pour tant d'inquiétudes et de soins, si la santé de Madame Victoire ne lui avait donné les alarmes les plus

vives et malheureusement les mieux fondées.
Pendant les derniers jours que cette princesse
avait passés dans le trabaccolo, elle avait été incommodée de vomissements; ils devinrent plus
fréquents vers le 7 ou le 8 mars, et ne firent
qu'augmenter dans la suite. La longueur de la
traversée, la tempête, l'inquiétude qu'elle eut à
surmonter lors de la rencontre du vaisseau, toutes
ces circonstances aggravèrent ses maux. Le dégoût de toute nourriture, qui avait commencé
dès le mois de janvier, était devenu extrême depuis que des nausées continuelles rendaient ces
essais si pénibles et si infructueux. Lorsqu'on
était dans le golfe de Durazzo, on aperçut aux
jambes quelques taches de scorbut; les forces diminuaient chaque jour, et lorsque Madame Victoire descendit à Corfou, elle était déjà très faible;
on espérait encore que l'air de la terre et le repos
dissiperaient des accidents qu'on pouvait attribuer à l'air de la mer et à la navigation. Mais ces
espérances ne se soutinrent pas long-temps; les
vomissements continuaient: au bout de quelques
jours, on remarqua des enflures à un bras et à la
jambe du même côté; elles disparurent et revinrent encore; l'abattement augmentait. Enfin,
M. Lavite, médecin de Madame Adélaïde, annonça que le danger était tel qu'il ne permettait
plus aucune espérance, et qu'il était nécessaire

que Madame Victoire reçût ses sacrements. Il n'était pas difficile de l'y déterminer, et elle fut administrée le 20 avril. Elle ne paraissait pas inquiète ; elle dit seulement au comte de Chastellux qu'elle le chargerait d'une lettre pour le Roi. On fit des prières publiques à la cathédrale catholique, le Saint-Sacrement fut exposé, et le premier jour de ces prières, le camphre, que l'on donnait à fortes doses, commença à ranimer les forces vitales. Cet effet se soutint, s'améliora, et, le 25, M. Lavite dit au comte de Chastellux qu'il regardait Madame Victoire comme hors de danger pour le moment ; qu'il restait seulement à traiter, comme maladie chronique, les menaces d'hydropisie. Le commodore Stone, pressé de remplir sa commission et de retourner en Sicile, faisait tous les jours les instances les plus pressantes pour que Mesdames s'embarquassent. Lorsque ces instances s'adressaient au comte de Chastellux, il y répondait par l'impossibilité qu'offrait l'état de Madame Victoire, et il ne se trompait pas. Le 1er. mai, M. Lavite décida que cette princesse était en état de partir, et qu'il fallait qu'elle partît le 6. Il craignait l'air chaud et humide de Corfou, et disait qu'il n'y trouvait pas les remèdes nécessaires à son traitement. Le comte de Chastellux pensait qu'il fallait donner plus de temps aux progrès de la convalescence ; que Madame Victoire avait besoin de plus de forces pour soutenir la fatigue et même l'inquiétude du voyage ; il ne voyait encore rien de bien assuré au mieux dont on parlait, puisque les vomissements continuaient sans que des remèdes très chauds, donnés dans l'intention de raffermir l'estomac, pussent les faire cesser. Le dégoût pour la nourriture continuait ; à la vérité, les enflures du bras et de la jambe étaient presque dissipées. La décision du médecin ne permit pas sans doute d'écouter les représentations du comte de Chastellux.

Il était convenu avec l'amiral Outchakoff, que la petite escadre destinée au service de Mesdames serait escortée jusqu'à la hauteur d'Ancône par M. le contre-amiral Pustokin, qui devait se porter dans le fond du golfe avec deux vaisseaux de ligne russes, un vaisseau et quatre frégates turcs, pour bloquer ou attaquer Ancône, suivant les circonstances. Il menait avec lui M. Crossart, émigré français attaché à l'état-major de l'armée impériale, arrivé comme courrier à Corfou, le 5, et dont la présence pouvait faire présumer quelque concert dans les opérations. Le comte de Chastellux sut que l'escadre du contre-amiral ne serait pas prête avant le 9 ou le 10 ; il desirait que l'on profitât de ces trois jours pour laisser rétablir à terre les forces de

Madame Victoire; mais cette Princesse s'embarqua le 6 sur le vaisseau *la Reine de Portugal*, après avoir fait en chaloupe le trajet de plus d'une lieue : le commodore n'avait pas cru pouvoir se rapprocher. Le soir même de l'embarquement, les enflures reparurent, et n'ont plus cessé jusqu'au jour fatal qui a terminé tant de souffrances.

Le vaisseau portugais faisait partie de l'escadre commandée par le contre-amiral, supérieur en grade au commodore; cependant, par respect pour Mesdames, il fut convenu que les signaux et les ordres seraient concertés. Les Turcs ne furent prêts que le 11. Ce jour-là le commodore alla mouiller à l'entrée du canal de Corfou. Le contre-amiral rejoignit le lendemain avec toute son escadre, et tous les vaisseaux partirent en même temps au nombre de quinze voiles. Le vaisseau portugais est construit en bois de Brésil, avec des bordages fort peu épais, et il est doublé en cuivre; sa construction fine le rend très propre à la marche; il était retardé par la nécessité d'attendre le reste de l'escadre, et ne pouvait porter que peu de voiles. La construction des vaisseaux russes de la mer Noire est plus épaisse et les rend plus pesants; toute leur artillerie est en bronze; ils étaient à la mer depuis dix-huit mois, et ils avaient besoin d'être carénés.

Les vaisseaux turcs sont construits par des ingé-
nieurs français sur les modèles les plus nouveaux
et les meilleurs; ils sont doublés en cuivre et ex-
cellents voiliers, malgré le peu d'adresse des
équipages. Le temps fut en général très beau
pendant la traversée. Mesdames reçurent des témoignages de respect et des attentions soutenues
de M. le contre-amiral Pustokin toutes les fois
qu'on se trouva près de lui.

L'escadre du contre-amiral quitta Mesdames
à la hauteur des îles de Dalmatie pour se porter
sur Ancône, et, le 18 au soir, le vaisseau portugais mouilla à peu de distance de Trieste. Au
moment où on jetait l'ancre et avant qu'on eût le
temps de replier les voiles, il survint un coup de
vent très impétueux, connu dans le pays sous le
nom de *la Borra*. Le lendemain, à neuf heures
du matin, on entra dans la rade de Trieste. Aussitôt M. le comte de Brigido, gouverneur de la
ville, vint offrir ses respects à Mesdames avec
le chevalier Lellis, consul de Sa Majesté Catholique. Ils ne montèrent pas dans le vaisseau, que
l'on ne put dispenser de quatorze jours de qua-
rantaine; il est vrai qu'on les fit commencer du
jour où, partant de Corfou, il avait cessé d'avoir
des rapports avec les Turcs. Il fut réglé que la
maison du consul d'Espagne, dans laquelle Mesdames devaient loger, servirait pour leur quaran-

taine : on l'entoura de gardes; on prit toutes les précautions usitées dans les lazarets, et Mesdames descendirent à terre le lundi 20 mai. Elles firent ce trajet séparément, et chacune d'elles reçut le salut royal de vingt-un coups de canon du vaisseau *la Reine de Portugal*, des deux frégates russes, d'un petit bâtiment de la même nation et d'un brick portugais. Madame Victoire resta levée assez long-temps le jour de son arrivée à terre; mais les enflures se trouvèrent considérablement augmentées.

Le comte de Chastellux trouva en arrivant, parmi les lettres qui l'attendaient, une lettre de Mgr. l'évêque de Nanci, qui lui annonçait que l'empereur avait désigné, pour la résidence de Mesdames, la ville d'Agram, en Croatie, comme la plus éloignée des inquiétudes que pouvaient causer les événements de la campagne qui venait de commencer : c'était la réponse aux lettres que le comte de Chastellux avait écrites à Mgr. l'évêque de Nanci, au moment du départ de Mesdames. Il l'avait prié alors de concerter avec la cour de Vienne tous les arrangements relatifs à leur établissement dans les États de S. M. I. Mesdames ont reçu de M. le comte de Brigido, gouverneur de Trieste, les attentions les plus suivies et les plus respectueuses.

Le terme d'un voyage si long, si pénible, tourmenté par tant de contrariétés et de si grands dangers, parut offrir un premier moment de calme à Madame Victoire; mais sa santé n'avait pu résister à cette continuité de fatigues, d'autant plus difficiles à soutenir, que toutes leurs circonstances s'étaient opposées à l'usage du régime et des remèdes qui lui étaient nécessaires : tant de douleurs l'accablaient à la fois! Des souvenirs déchirants, la ruine d'une branche de cette auguste maison déjà si cruellement frappée, la perte d'un asile qui lui était cher, l'incertitude de celui où elle pourrait désormais échapper à ses ennemis........ Elle renfermait en elle-même des sentiments si douloureux, et sa résignation semblait croître avec ses souffrances. Elle répéta plusieurs fois à la comtesse de Chastellux qu'elle avait fait à Dieu le sacrifice de sa vie, au moment où elle fit ses dévotions en partant de Caserte. De telles victoires sur elle-même sont bien honorables à sa mémoire; mais leurs efforts, si souvent renouvelés, usèrent nécessairement ses forces; l'air de la mer, plusieurs tempêtes, trente-deux jours passés avec soixante personnes entassées dans un petit bâtiment, sous un pont de quatre pieds et demi de hauteur, l'impossibilité de suivre aucun régime, une nourriture souvent malsaine, tout s'était réuni pour détruire une santé si précieuse.

Peu de jours après son arrivée à Trieste, les progrès de l'enflure et l'ensemble de son état détruisirent toute espérance : elle le sentait bien elle-même. Elle dit un jour à l'abbé de la Tour, nommé à l'évêché de Moulins, qui était devenu son premier aumônier, de chercher dans une petite cassette qu'elle lui indiqua, une croix à laquelle Sa Sainteté avait attaché des indulgences, *in articulo mortis*; elle lui dit en même temps qu'elle la lui donnait après sa mort; qu'elle ne le chargeait de la chercher que pour éviter à la comtesse de Chastellux la déchirante impression que lui aurait fait éprouver cette annonce d'un dernier moment si douloureux. On craignait déjà la gangrène; on eût desiré qu'elle mangeât pour essayer de rétablir un peu ses forces; mais elle ne pouvait prendre aucune nourriture. Au premier mot qui fut destiné à lui faire connaître la nécessité de recevoir ses derniers sacrements, elle interrompit pour les demander; elle les reçut avec la présence d'esprit la plus complète et cette piété parfaite qui avait animé toute sa vie : elle répondait elle-même aux prières. Lorsque, suivant l'usage de l'Église, on lui demanda, avant de lui administrer le sacrement de l'extrême-onction, si elle n'avait pas d'ennemis à qui elle dût pardonner, elle n'attendit pas la fin de cette question; avec une sorte d'élan qui prouvait bien que ce sentiment était dans son cœur, elle dit d'une voix forte : *Je ne leur en ai jamais voulu pendant ma vie, comment leur en voudrais-je à ma mort?* Telle était en effet son ame douce et sensible; elle supportait tout, ne conservait aucun ressentiment, et ne se plaignait jamais, même en confidence, de ce qui pouvait pour le moment la contrarier. Bientôt la gangrène se prépara par d'horribles souffrances intérieures, qui durèrent pendant plusieurs jours. Une nuit les douleurs se calmèrent ; mais on jugea qu'elle approchait de sa fin : l'évêque de Moulins prononça l'indulgence qui lui était accordée pour ce moment; elle se réunit aux prières comme si elle eût été en pleine santé; puis elle dit plusieurs fois : *Je le veux, qu'on emporte madame de Chastellux,* qui ne l'avait jamais quittée un instant, et qu'il fallut en effet emporter ainsi que ses filles. Cet affreux moment n'affaiblissait point en Madame Victoire la profonde et sensible amitié dont elle honorait l'entier dévouement, les sentiments aussi tendres que respectueux, qui avaient été sa plus douce consolation depuis tant d'années malheureuses.

César de Chastellux resta dans sa chambre. La Princesse se retourna vers le comte de Chastellux, et daigna lui dire : *Mon ami, ayons du courage si nous pouvons;* il la tint sept heures dans ses bras. Dans un moment où M. l'évêque de Moulins, pour ne pas la fatiguer, laissait quelques courts intervalles entre ses exhortations et ne se trouvait pas auprès d'elle, elle leva les yeux au ciel en disant : *Irai-je ?* Dans un premier mouvement le comte de Chastellux, pénétré de la plus vive douleur, s'écria : *Fille de St.-Louis !....* Elle lui dit : *Ce n'est plus à cela qu'il faut penser.* Ses dernières heures furent tranquilles ; elle donna plusieurs fois sa main à baiser, et son dernier soupir n'offrit aucune apparence de convulsion (22).

NOTES DE L'ÉDITEUR.

NOTES DE L'AVANT-PROPOS.

(*a*) PAGE 6.

UN des premiers soins du Roi, après son retour en France, fut d'envoyer Mgr. l'évêque de Moulins à Trieste, pour réclamer le dépôt sacré qui avait été confié à la cathédrale de la ville. Une frégate française amena les restes de MESDAMES à Toulon; le zèle du curé de cette ville contribua à les faire respecter pendant les jours de deuil et d'erreurs qui souillèrent les fastes de 1815. De nouveaux ordres viennent de régler le transport de ces deux précieux cercueils, qui doivent arriver le 20 janvier prochain à Saint-Denis.

(*b*) PAGE 9.

La suite de MESDAMES était composée (Maison de Madame ADÉLAÏDE) de M. le comte Louis de Narbonne, chevalier d'honneur; et Mme. la duchesse de Narbonne, sa mère, dame d'honneur.

(Maison de Madame VICTOIRE.) De M. le comte

de Chastellux, chevalier d'honneur; et Mme. la comtesse
de Chastellux, dame d'honneur.

Mgr. l'évêque de Pergame, premier aumônier de
Madame ADELAÏDE; Mgr. l'évêque d'Évreux, premier
aumônier de Madame VICTOIRE, et Mme. la comtesse
Louis de Narbonne, dame pour accompagner Madame
VICTOIRE, rejoignirent MESDAMES à Rome.

(c) PAGE 10.

MESDAMES, toujours calmes et courageuses, descendirent au milieu de la foule qui entourait leur maison
et y avait pénétré. Leur présence fit taire les propos
qu'elle osait tenir; un seul homme près de Madame VIC-
TOIRE, gardait son chapeau sur la tête, et sa physiono-
mie portait l'empreinte d'une insolente audace. Elle se
tourna vers lui avec une noblesse mêlée de bonté :
« Monsieur, lui dit-elle, donnez-moi la main, je vous
» prie, pour monter l'escalier qui est obscur. » Cet
homme, surpris et même ému, s'approcha d'elle avec
les plus grands témoignages de respect.

(d) PAGE 10.

Voyez les Mémoires intitulés : *Dernières années du
règne et de la vie de Louis XVI*, par François Hue, l'un
des officiers de la chambre du Roi, page 201, édition
in-8º., Paris, 1814.

(e) PAGE 16.

Madame VICTOIRE était un jour chez Mme. de Chastellux à Rome, lorsqu'on y dit que Mmes. ***, qui
avaient l'honneur de lui appartenir, venaient d'arriver
en ****, évitant les armées républicaines, dans un état

5..

de détresse que la précipitation d'une fuite aussi pénible avait encore augmentée ; elle ne parut pas faire
une attention particulière à ces détails mêlés avec
le récit des malheureux événements d'alors. Mais le
lendemain elle porta à Mme. de Chastellux un rang
de perles d'une grande beauté, lui ordonna de le
vendre, et d'envoyer, dès le jour suivant, à Mmes. ★★★,
des secours qu'elles reçurent sans pouvoir deviner
comment leurs malheurs étaient parvenus jusqu'à Madame VICTOIRE.

NOTES DE LA RELATION.

(1) PAGE 17.

Il paraît que le projet des Français ne pouvait être d'attaquer le royaume de Naples; ils portaient toute leur attention vers la haute Italie, où ils étaient menacés par une coalition qui se formait dans le nord. Le royaume de Naples se hâta beaucoup trop de paraître sur la scène; quelques mois de plus, et les opérations de l'armée napolitaine s'accordaient avec celles du général Suwarow. Le plan d'attaque du général en chef Mack était trop compliqué pour une armée peu habituée à exécuter des mouvements sur un grand développement. La marche de ces colonnes devait entourer les différents corps français à leur point de concentration dans les environs de Terni. Ces colonnes se désorganisèrent dans leur marche, et ne surent point arriver à temps sur les points qui leur étaient prescrits; quelques malheurs partiels, et qu'il était facile de réparer, comprommirent des corps qui n'étaient pas assez liés. Il paraît que le général Mack, qui ne s'était pas préparé à une retraite peu probable, ne conserva pas assez de présence d'esprit pour profiter des ressources que lui of-

(70)

frait le royaume de Naples, et qui, malgré tous les
malheurs de l'armée, étaient encore supérieures aux
moyens que les Français pouvaient développer contre
lui. Le seul général, dont on admira dans le temps la
conduite, fut le comte Roger de Damas, maréchal-de-
camp qui, dépassé dans sa retraite par l'ennemi qu'il
trouva en position à Rome, en changea sur-le-champ
la direction ; et suivi par deux corps français, sut tantôt
leur dérober des marches avec adresse, tantôt les arrêter par l'attitude qu'il prit dans la position de Montalto,
où il fut blessé, et réussit enfin à embarquer sa division sans avoir essuyé de véritables pertes.

(2) PAGE 18.

Belvédère est le nom d'une maison de campagne du
roi de Naples, à l'extrémité du parc de Caserte, autour
de laquelle il s'était plu à réunir une petite peuplade de
manufacturiers. L'établissement total s'appelait Santo-
Leucio ; le roi s'était amusé à leur dicter lui-même des
lois administratives, et à en former une sorte de colonie
à part dont il était le chef.

(3) PAGE 19.

Lorsqu'un gouvernement éprouve de grands malheurs,
on est tenté d'en chercher l'explication dans l'infidélité
de ses agents ; si cette infidélité s'est rencontrée à Naples dans quelques subalternes, elle n'expliquerait pas
des événements qui tenaient à d'autres causes ; il y eut
en général plus de mauvaise volonté dans les troupes
que de véritables trahisons.

(71)

(4) P A G E 19.

Une de ces places, les seules qu'on pût donner sur le bâtiment, devait être occupée par Mme. de Chastellux, qu'aucune circonstance ne pouvait séparer de Madame VICTOIRE.

(5) P A G E 20.

MESDAMES étaient éloignées de cinq lieues des nouvelles et de la mer ; elles ne pouvaient s'embarquer qu'après avoir traversé une ville immense et turbulente, que les événements et la crainte menaçaient sans cesse d'une insurrection.

(6) P A G E 20.

Deux émigrés même avaient été grièvement insultés par le peuple, à la fureur duquel on les avait arrachés avec peine.

(7) P A G E 21.

MESDAMES devaient partir à deux heures du matin. A minuit, entourées des personnes qui étaient nommées pour les suivre dans ce funeste voyage, elles se rendirent à leur chapelle, et, dans un saint recueillement, entendirent la messe et communièrent l'une et l'autre. Triste et touchante cérémonie, où deux pieuses princesses, atteintes encore par de nouveaux malheurs, venaient avant de chercher à s'y soustraire, implorer les bénédictions du ciel et lui offrir la résignation entière de leur cœur. Pénétrés des sentiments religieux qui animaient MESDAMES, et plus accablés qu'elles des périls qui les menaçaient, tous les serviteurs fidèles qui les entouraient, s'unissaient à leurs prières en fondant en larmes.

(8) PAGE 23.

Dans la plaine de Foggia la neige avait effacé le chemin , et arrêta plusieurs fois la voiture de MESDAMES, qui furent obligées d'en changer. On peut dater du saisissement de ce froid rigoureux , l'origine de la longue maladie qui enleva par la suite Madame VICTOIRE. Une espèce de dégoût , d'engourdissement et de mélancolie en furent les premiers symptômes. Presque toujours privée de ses femmes, la comtesse de Chasteliux et ses filles , malgré leur extrême jeunesse et la maladie dont la seconde n'était point encore rétablie , eurent seules le plus souvent le bonheur de lui rendre jour et nuit les soins les plus assidus.

(9) PAGE 24.

Bâtiment marchand fort en usage dans la mer Adriatique.

(10) PAGE 25.

Ce qui rendait la position de MESDAMES plus dangereuse encore , était l'immense quantité de corsaires français et barbaresques qui infestaient la mer Adriatique. Le commerce était totalement suspendu, et tous les petits bâtiments de ces parages étaient retenus dans les ports avec leurs chargements.

(11) PAGE 25.

M. l'abbé de la Tour, évêque de Moulins , arrivait avec la suite de MESDAMES.

(12) PAGE 26.

Les nombreux troupeaux de moutons qui paissent l'été sur les montagnes de l'Abbruzze, descendent, dans l'arrière-saison, dans les plaines des environs de Foggia, et y payent des droits au trésor public.

(13) PAGE 27.

Plusieurs émigrés avaient trouvé près de MESDAMES un asile honorable, et partirent de Caserte avec elles ; on comptait parmi eux Mgr. l'évêque d'Ath, Mme. la comtesse de Calan, Mme. la marquise de Roquefeuil sa fille, etc. ; Mgr. l'évêque de Carcassonne avait pris une autre direction, et rejoignit MESDAMES à Corfou sur un vaisseau portugais dont il sera bientôt parlé.

(14) PAGE 30.

Ce fut un très grand malheur pour le royaume de Naples, que la méfiance injuste qu'inspira au peuple et à l'armée le général Mack. Cette méfiance qui lui faisait courir de vrais dangers, la faiblesse de son caractère peut-être, l'engagèrent à aller se livrer lui-même aux généraux français ; s'il eût cherché à rallier les débris de son armée à portée de Naples, l'ennemi était trop faible pour oser, en sa présence, attaquer une aussi grande ville, et tout porte à croire qu'il eût pris le parti de se retirer sur la rive droite du Garigliano. Quant au prince de M***, que la populace de Naples regardait alors comme le plus ferme appui de la bonne cause, il s'enferma avec ses principaux partisans, pendant l'attaque de Naples, dans le château Saint-Elme, qui domine la ville, en annonçant qu'il y tiendrait jusqu'à la dernière extrémité ; il y arbora bientôt le pavillon tricolore, et tira sur le peuple qui continuait à se défendre. Cette défection détermina la victoire des Français et leur entrée dans Naples.

(15) PAGE 38.

Il serait difficile de se faire une juste idée des désagréments de toute espèce que ce lugubre séjour réunissait. Une seule ouverture, placée au milieu du bâtiment, y répandait avec un froid glacial une triste lumière qui n'en dissipait qu'imparfaitement l'obscurité. L'entrepont était si bas, qu'on ne pouvait y marcher que courbé, ni s'y asseoir qu'à terre sur une natte, un matelas ou un coussin de voiture, si on avait pu se le procurer. Bien avant le lever du soleil, les matelots commençaient à laver le bâtiment, et y rendaient tout sommeil impossible. Le bruit et la fraîcheur piquante du matin réveillaient ceux qui souvent ne s'étaient endormis que peu d'instants auparavant, et le besoin de respirer un air moins étouffé les conduisait sur le pont, ou du moins vers cette ouverture où l'on était de même exposé à toutes les inclémences de l'air. Le moment des repas était peut-être plus triste encore que celui du réveil. Les ustensiles nécessaires manquaient, et la manière dont on distribuait successivement à chacun sa portion tout autour de ce lieu si incommode et si sombre, était bien faite pour ôter l'appétit. Tous les soirs un chapelain de MESDAMES, à genoux près d'une lampe qui n'éclairait que lui, récitait des prières auxquelles chacun répondait du triste lit sur lequel il s'était retiré. Ensuite on cherchait à dormir ; mais les longues heures de la nuit, dont tant d'inquiétudes et de malaise se réunissaient pour troubler le repos, étaient encore plus cruelles que celles qui s'étaient écoulées pendant la journée. On aura peine à croire, qu'à travers tant de souffrances morales et de privations de tous genres, Madame ADÉLAIDE, dont la santé n'était pas altérée, conserva constamment sa vivacité, sa gaîté même, et n'était occupée qu'à ranimer la fermeté quelquefois ébranlée des personnes qui l'entouraient.

(16) PAGE 44.

Il n'aurait pas été prudent d'exposer MESDAMES à faire, sur une frégate et sans escorte, le trajet de Brindisi à Trieste, à cause de la présence, dans la mer Adriatique, du *Généreux*, vaisseau de soixante-quatorze canons, et de quelques autres bâtiments de guerre français.

(17) PAGE 45.

Un vent du Midi très violent s'étant élevé, la mer devint extrêmement houleuse près des côtes d'Albanie, où la frégate de MESDAMES se trouvait alors. Le roulis du bâtiment était affreux. Les cordages qui amarraient les canons dans la chambre de poupe, où MESDAMES étaient couchées, ne pouvaient suffire à les retenir dans cet ébranlement continuel, et plusieurs fois on craignit qu'ils ne se détachassent et ne vinssent écraser les personnes qui étaient étendues sur des matelas auprès du lit de MESDAMES. Chacun souffrait trop pour être en état de faire le moindre mouvement. Mme. de Chastellux seule, soutenue par son desir d'alléger à Madame Victoire de si pénibles moments, la servait encore en se traînant sur ses genoux, car le mouvement du bâtiment rendait impossible de se tenir debout. Le mauvais état de la frégate ajoutait encore aux inquiétudes que cette tempête donnait au capitaine. Anciennement construite, et toujours en courses depuis son départ de la Mer Noire, elle était pleine d'avaries et faisait eau de partout. Les pompes, toujours en activité, ne pouvaient empêcher l'eau de croître d'une manière très sensible.

(18) PAGE 46.

Le vaisseau portugais avait paru dès la veille vers la chute du jour. Au lever du soleil, étant assez près de la frégate, il tira quelques coups de canon auxquels elle répondit, et bientôt les signaux n'étant compris ni de part, ni d'autre, on se disposa au combat. Le chapelain de Mesdames vint, de la part du capitaine, leur annoncer son extrême douleur de la nécessité à laquelle il se voyait réduit, et leur demander de vouloir bien se laisser conduire dans un lieu qu'il avait fait préparer à fond de cale, où elles seraient moins exposées. Mesdames ne montrèrent pas le moindre effroi. Madame Victoire, sans proférer une seule plainte, sortit du lit de douleur qu'elle ne quittait plus depuis long-temps, et pouvant à peine se soutenir, elle suivit Madame Adélaïde, appuyée sur M. et Mme. de Chastellux. Dans ce même lieu étaient enchaînés, pour le moment du combat, les trois officiers français faits prisonniers dans la rade de Brindisi. L'un d'eux surtout, nommé Gan—

theaume, parut vivement touché de son association à
de si augustes infortunes.

(19) PAGE 49.

Le malheur avait voulu que les escadres alliées eussent reçu de nouveaux signaux de reconnaissance que
l'escadre russe ne connaissait pas encore au départ du
chevalier Bailie. Quant à la circonstance de n'avoir pas
suivi la frégate de MESDAMES, que le commodore
Stone prit réellement pour un bâtiment ennemi, ou de
ne l'avoir pas été chercher après avoir su ce qu'elle était,
le commodore s'en excusait sur la sévérité de lord Nelson, qui exigeait l'exécution rigoureuse de ses ordres.
Il venait de punir un capitaine de son escadre, pour
s'être écarté un instant de la direction qu'il lui avait
tracée.

(20) PAGE 53.

Les Turcs surtout, et particulièrement l'amiral Ca-
dyr Bey, se plaisaient à parler aux cardinaux de leur
désir de rétablir le pape sur son trône ; en effet, une
division de leur escadre servit depuis au siége d'Ancône.
Un officier turc, nommé Ibrahim, s'y distingua. A la
tête d'un détachement turc, il fit une expédition sur la
ville de Fermo qu'il prit sur les Français au nom du
pape, et où il arbora le pavillon pontifical : position bi-
sarre, où des Musulmans, comme alliés du pape, combattaient pour sa cause les sujets égarés du Roi Très
Chrétien.

(21) PAGE 54.

Le mouvement royaliste de la Pouille, à la tête du-

quel se maintint M. Césari, eut des résultats intéres-
sants. A peine les Français, au commencement de
l'année 1799, virent-ils les armées autrichienne et russe
s'approcher de la haute Italie, qu'ils commencèrent à
se concentrer à Naples, et se disposèrent à laisser la
garde de leur conquête aux chauds partisans qu'ils y
avaient trouvés. Le cardinal Ruffo, envoyé de Sicile en
Calabre, pour faire soulever cette province par l'in-
fluence de son nom, obtint bientôt des succès au-delà
de ses espérances. Il sut ranimer le courage des royalistes et le diriger. Partout à son aspect les drapeaux
tricolores faisaient place aux drapeaux napolitains ; plus
il s'avançait dans l'intérieur de la Calabre, plus la
troupe qu'il formait autour de lui augmentait sa force ;
des moines, des prêtres, des évêques même suivaient
ses drapeaux et combattaient sous ses ordres : sa petite armée se distingua surtout au siége d'Altamura. Le
cardinal Ruffo entra bientôt en correspondance avec
M. Césari qui maintenait, dans l'obéissance du Roi,
les bords de l'Adriatique, soutenu par l'expédition que
le comte de Chastellux, de concert avec le chevalier
Micheroux, avaient obtenue de M. l'amiral Outchakoff.
Un fort détachement, que cette expédition avait débar-
qué à Manfredonia, réuni au rassemblement conduit
par M. Césari, concerta sa marche sur Naples avec
celle du cardinal Ruffo, et ne contribua pas peu à la
prise de cette ville et à celle de ses forts. Au milieu
d'aussi heureux événements, on eut à déplorer les
cruautés commises dans Naples par les Calabrois.

(22) PAGE 65.

Madame VICTOIRE fut enterrée à la cathédrale de

Trieste, avec tous les honneurs dus à son rang. Des émigrés français portèrent le cercueil : le comte de Chastellux fit dresser un acte de dépôt de ces restes précieux,
afin que, dans des temps plus heureux, ils pussent être
rendus aux tombeaux de nos rois.

FIN.